LES
ÉCHOS DE LOURDES

TRENTE-DEUX CANTIQUES

EN L'HONNEUR

DE

LA TRÈS SAINTE VIERGE

PAR

L'ABBÉ F. X. MOREAU

CURÉ DE SORIGNY (Indre-et-Loire)

TOURS
IMPRIMERIE PAUL BOUSREZ

LES
ÉCHOS DE LOURDES

TRENTE-DEUX CANTIQUES

EN L'HONNEUR

DE

LA TRÈS-SAINTE VIERGE

PAR

L'ABBÉ F.-X. MOREAU

CURÉ DE SORIGNY (INDRE-ET-LOIRE)

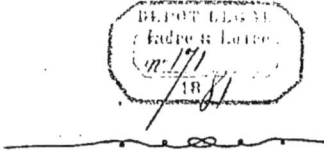

TOURS
IMPRIMERIE PAUL BOUSREZ
5, RUE DE LUCÉ, 5

Charles-Théodore COLET, par la miséricorde de Dieu et la grâce du Saint-Siége apostolique, archevêque de Tours :

Sur le rapport avantageux qui nous a été fait au sujet d'un recueil de cantiques composés par M. l'abbé Moreau, curé de Sorigny, nous en autorisons l'impression, comme pouvant contribuer à développer dans les âmes la dévotion envers la sainte Vierge.

Tours, le 14 avril 1881.

† CHARLES, *archevêque de Tours.*

AVERTISSEMENT

Voici un nouveau recueil de cantiques à la sainte Vierge. Pourquoi celui-ci après tant d'autres meilleurs, sans contredit? Si je me suis décidé à éditer ce recueil, ce n'est qu'après bien des hésitations et poussé par des conseils et des demandes qui me sont venus un peu de tous côtés. Aux dix-huit ou vingt cantiques que j'ai faits pour les pèlerinages de Lourdes, j'ai joint ceux que j'ai pu faire dans d'autres circonstances. Le tout forme un mois de Marie de trente-deux cantiques.

Peut-être me reprochera-t-on de n'avoir pas mis d'accompagnement. En voici les raisons :

D'abord ces cantiques ont tous un refrain, et rien n'est si facile que de prendre simplement les trois parties pour soutenir les voix. Quant aux strophes dont le chant est presque toujours à une seule partie, n'importe quel organiste peut jouer ce chant de la main droite, et faire avec la main gauche un simple accompagnement de deux ou trois notes. Comme ces airs sont très-faciles, il n'est aucun organiste qui ne puisse s'en tirer convenablement. Mais ma principale raison, c'est que ce recueil étant destiné aux petits séminaires, pensionnats, confréries, pèlerinages, il fallait le vendre à bon marché. Tel peut mettre 2 f. 50, qui n'aurait pu y consacrer 5 francs. Je crois, de cette façon, avoir obvié à l'inconvénient d'un prix trop élevé.

Puissent ces cantiques, inspirés par la Vierge Immaculée et faits dans le seul but de chanter sa gloire, contribuer à faire connaître et aimer de plus en plus notre céleste Mère! C'est la seule récompense que j'ambitionne ici-bas.

Sorigny, 1er mai 1881.

F.-X. MOREAU, ptre.

N° 1. Ouverture du mois de Marie.

2

Si Dieu créa les fleurs pour embellir la terre
Et parfumer les airs de leurs douces odeurs,
Il créa les vertus, avec leur saint mystère,
Pour embellir notre âme et pour orner nos cœurs.

3

Qu'il est doux le parfum que la vertu nous donne !
Semblable au pur encens brûlant dans le saint lieu,
Il se répand partout, autour de nous rayonne,
Il charme les élus et nous attire à Dieu.

4

Au pied de son image allons prier Marie,
Venons y chaque jour célébrer sa grandeur ;
Sur ses douces leçons formons tous notre vie,
Sur ces saintes vertus reformons notre cœur.

5

Fais germer en nos cœurs les fleurs de l'Espérance,
O Mère, enseigne-nous la Foi, la Charité ;
Apprends-nous à porter le poids de la souffrance,
Donne-nous ta douceur et ton humilité.

6

Pendant ces jours bénis, ô Vierge Immaculée,
Nous viendrons chaque soir prier à ton autel ;
Accueille les accents de notre âme exilée,
Fais-nous haïr la terre et désirer le ciel.

N° 2. Sauve tes enfants.

2

Sois notre appui, Vierge toute-puissante,
Dans la vertu guide nos faibles pas ;
Si nous glissons, Mère compatissante,
Avec bonté reçois-nous dans tes bras.

Sois notre appui, etc.

3

Mais arme-nous d'un généreux courage,
Voici le temps marqué pour les combats ;
Nos ennemis poussent des cris de rage,
Parais, sur eux appesantis ton bras.

Mais arme-nous, etc.

4

Viens nous donner un abri sous tes ailes,
Quand la tempête éclate avec fureur ;
Épargne-nous les angoisses cruelles,
Les noirs remords qui troublent le pécheur.

Viens nous donner, etc.

5

Ah ! laisse-nous jusqu'à l'heure dernière
Dormir en paix sur ton sein maternel,
Et qu'au réveil, en rouvrant la paupière
Nous te voyions dans les splendeurs du ciel.

Ah ! laisse-nous, etc.

N° 3.

A la Reine des Anges.

2

Ils chantent à ta gloire,
Et leurs divins concerts
Célèbrent ta victoire
Sur l'ange des enfers.

3

Vierge pleine de grâce,
Mère du Créateur,
Oui, ta grandeur surpasse
Mille fois leur grandeur.

4

Reine auguste des Anges,
Nous sommes tes enfants ;
Permets que nos louanges
S'unissent à leurs chants.

5

Qu'à l'ombre de leurs ailes,
Mère du saint amour,
Nous te restions fidèles
Jusques au dernier jour.

N° 4. Je te donne mon cœur.

2

L'orphelin te nomme sa mère,
Le captif ose t'implorer ;
Moi, je veux aussi, pour te plaire,
Te donner mon cœur et t'aimer.

3

Le pauvre, abreuvé de souffrance,
A tes pieds vient se consoler ;
Moi, je veux, ô douce espérance,
Te donner mon cœur et t'aimer.

4

Sous ton aile, ô divine mère,
Le marin vogue sans danger ;
Moi, je veux, barque salutaire,
Te donner mon cœur et t'aimer.

5

Donne à tous une sainte vie,
Donne à tous une sainte mort,
Afin qu'au ciel, notre patrie,
Nous te puissions aimer encor.

N° 5.

Secours des Chrétiens.

Moderato.

Cé_les_tes chœurs, an_ges du sanc_tu_ai_re,
A no_tre voix u_nissez vos ac_cents; A no_tre Reine, à
notre aima_ble Mè_re Nous con_sacrons notre a_mour et nos chants.

CHŒUR.

Bel astre des mers, O bril_lante é_toi_le, Conduis no_tre voi_le
Bel astre des mers, O bril_lante é_toi_le, Conduis no_tre voi_le
Bel astre des mers, O bril_lante é_toi_le, Conduis no_tre voi_le

Sur les flots a_mers A_près cet_te vi_e Puissions-nous, Ma_ri_e,
Sur les flots a_mers A_près cet_te vi_e Puissions-nous, Ma_ri_e,
Sur les flots a_mers. A_près cet_te vi_e Puissions-nous, Ma_ri_e,

Chanter dans les cieux Ton nom glo_ri_eux. A_près cet_te vi_e
Chanter dans les cieux Ton nom glo_ri_eux. A_près cet_te vi_e
Chanter dans les cieux Ton nom glo_ri_eux. A_près cet_te vi_e

Puissions-nous, Ma_ri_e, Chanter dans les cieux Ton nom glo_ri_eux.
Puissions-nous, Ma_ri_e, Chanter dans les cieux Ton nom glo_ri_eux.
Puissions-nous, Ma_ri_e, Chanter dans les cieux Ton nom glo_ri_eux.

2

Monde insensé, ne vante plus tes charmes,
Le fruit du crime est toujours la douleur;
Viens à Marie enfin rendre les armes,
Tu connaîtras le souverain bonheur.

3

Reine du ciel, notre douce espérance,
Nous te devons le bonheur et la paix;
Entends les vœux de la reconnaissance,
Sois notre appui, notre gloire à jamais,

4

Qu'il est heureux celui qui dans la vie
Entre tes mains vient remettre son sort !
Après l'exil il attend la patrie
Et plein d'espoir, il marche vers le port.

5

O douce Mère, achève ton ouvrage,
Rassemble, unis, enchaîne tous les cœurs;
Et nous viendrons en ces lieux d'âge en âge
Chanter ton nom, célébrer tes grandeurs.

N° 6.

Ave Maria.

On chante les strophes en trio *ad libitum*.

AIR CONNU.

2

C'est l'Ave des anges,
Le chant des élus
Qui dans leurs louanges
Chantent ses vertus.
   Ave, etc.

3

Avec allégresse,
O chrétiens pieux,
Répétons sans cesse
Ce refrain joyeux :
   Ave, etc.

4

Lis de la vallée,
Parfum le plus doux,
Vierge immaculée,
Priez Dieu pour nous.
   Ave, etc.

5

Protégez l'enfance,
Gardez dans son cœur,
L'aimable innocence
Qui fait le bonheur.
   Ave, etc.

6

Guidez la jeunesse,
Veillez sur son cœur,
Gardez-la sans cesse
D'un monde trompeur.
   Ave, etc.

7

Quand l'orage gronde,
Contre ses fureurs
Protégez sur l'onde
Le marin en pleurs.
   Ave, etc.

8

L'orphelin timide
A Vous a recours,
Servez-lui de guide,
Veillez sur ses jours.
   Ave, etc.

9

Essuyez les larmes
De la mère en pleurs,
Et par vos doux charmes
Calmez ses douleurs.
   Ave, etc.

10

O céleste Mère,
Accueillez les chants
Et l'humble prière
De tous vos enfants.
   Ave, etc.

11

Qu'un jour la couronne,
Prix de notre amour,
A nos front rayonne
Au divin séjour.
   Ave, etc.

12

Et pleins d'allégresse
Nous dirons sans fin
Dans notre tendresse
L'éternel refrain :
   Ave, etc.

N° 7.

Secours du Chrétien.

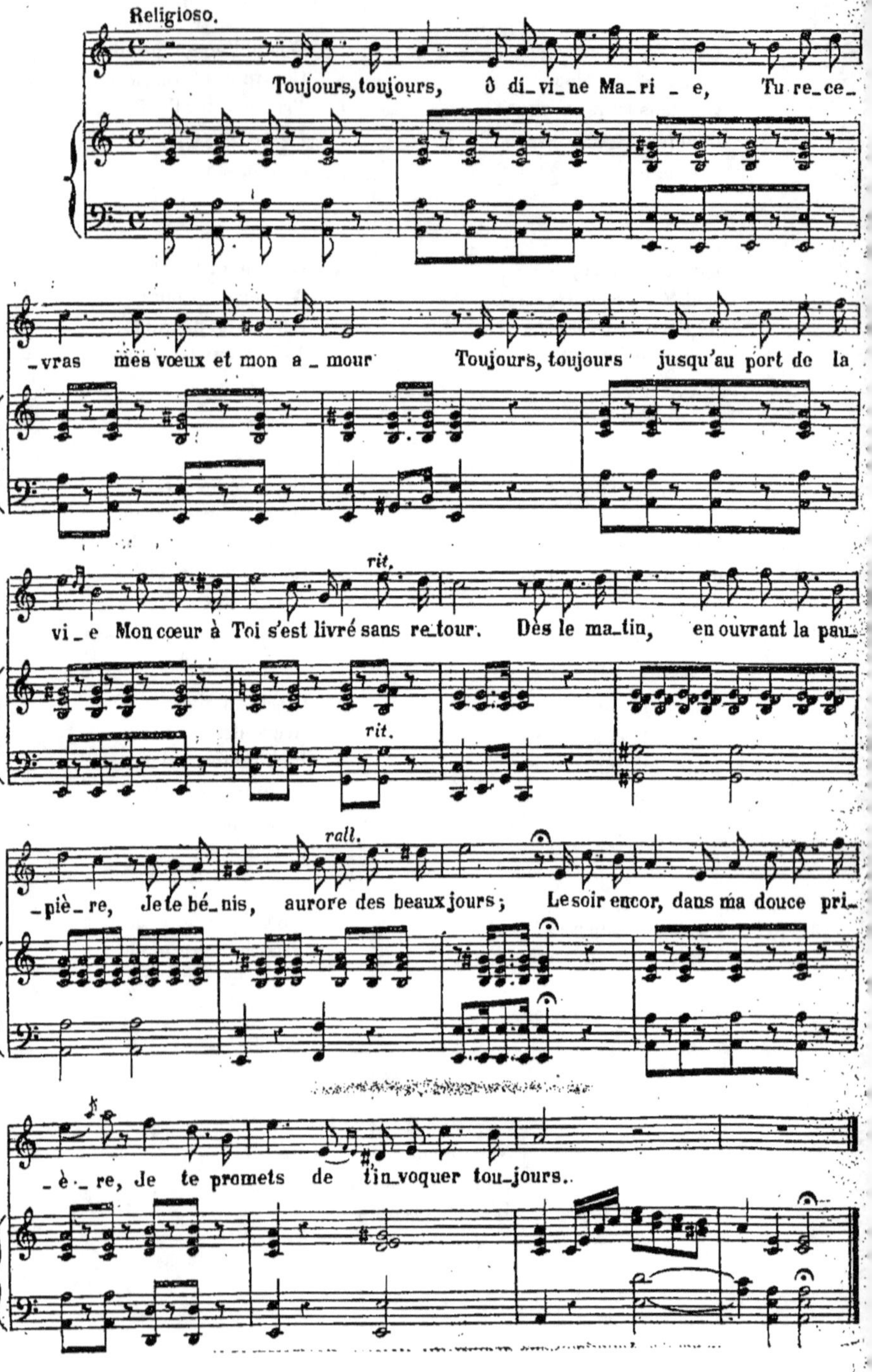
Religioso.
Toujours, toujours, ô di_vi_ne Ma_ri _ e, Tu re_ce_
_vras mes voeux et mon a _ mour Toujours, toujours jusqu'au port de la
rit.
vi_e Mon cœur à Toi s'est livré sans re_tour. Dès le ma_tin, en ouvrant la pau_
rit.
rall.
_piè_re, Je te bé_nis, aurore des beaux jours; Le soir encor, dans ma douce pri_
_è_re, Je te promets de t'in_voquer tou_jours.

2

Toujours, toujours, ô Vierge tutélaire,
Je remettrai mon âme entre tes mains;
Toujours, toujours, en cette vie amère
Guide mes pas dans les sentiers divins.
Ah! si du monde écoutant le langage,
Je t'oubliais, mère du bon secours,
Viens me tirer de son dur esclavage
Pour me forcer à te bénir toujours.

3

Toujours, toujours, ô douce et sainte reine,
Tu conduiras le peuple des élus;
Toujours, toujours, aimable souveraine,
Tu formeras les plus pures vertus.
Je veux marcher sous ta blanche bannière,
Te consacrer le reste de mes jours;
Reçois mes vœux et mon humble prière,
Je veux t'aimer et te servir toujours,

4

Toujours, toujours, ô ma mère chérie,
Tu me feras goûter le vrai bonheur;
Toujours, toujours, reine de la patrie,
Tu soutiendras l'espérance en mon cœur,
De notre vie, aurore sans nuages,
Par tes clartés daigne embellir le cours;
Rendus au port, à l'abri de l'orage
Nous chanterons tes bienfaits pour toujours.

N° 8. Je te bénis.

TRIO. *ad libitum.* *Lent.*

Je te bé_nis, dou_ce Vierge Ma_ri_e, Toi que ja__mais on n'a bé_nie en vain; Viens à ton tour me bé_nir, je t'en pri_e, Ah! bé_nis-moi de ta di_vi_ne main

CHŒUR. — *Poco più All{to}*

Tendre Ma_ri_e, Vierge ché_ri_e Parfum du soir, é_toi_le du ma_tin

En toi j'es_pè_re, Ma bonne Mère, Viens me bé_nir de ta divi_ne main.

2

Je te bénis au jour de l'allégresse,
Quand resplendit un jour pur et serein ;
Toi, pour nourrir ma joie et mon ivresse,
Ah ! bénis-moi de ta divine main.

3

Je te bénis, quand au jour des alarmes
Mon cœur blessé cherche un baume divin ;
Toi, pour tarir la source de mes larmes,
Ah ! bénis-moi de ta divine main.

4

Je te bénis tous les jours de ma vie,
Comment mon cœur oublîrait-il le tien ?
Toi, pour guider mes pas vers la patrie,
Ah ! bénis-moi de ta divine main.

5

Je te bénis en ce séjour de larmes,
Puissè-je au ciel t'aller bénir demain !
Toi, pour m'ouvrir ce séjour plein de charmes,
Ah ! bénis-moi de ta divine main.

Notre-Dame de la Garde.

2

Le monde étale ses faux charmes,
Mère, soyez notre soutien ;
Venez dissiper nos alarmes,
Gardez-nous bien, gardez-nous bien.

3

Guidés par vos mains maternelles
Nous suivrons la route du bien ;
Pour être à Dieu toujours fidèles,
Gardez-nous bien, gardez-nous bien.

4

Dans cette malheureuse vie
Ah ! soyez notre ange gardien ;
Guidez nos pas vers la patrie,
Gardez-nous bien, gardez-nous bien.

5

Et quand viendra l'heure dernière,
Donnez-nous le souverain bien ;
Au ciel près de vous, bonne Mère,
Gardez-nous bien, gardez-nous bien.

2

Ève nouvelle, entre dans ton empire,
Foule l'Éden de ton pied virginal ;
Le genre humain depuis longtemps soupire,
Viens écraser le serpent infernal.

3

Vers les mortels, ô céleste colombe,
Prends ton essor pour les pacifier ;
Ils sont à peine échappés de la tombe,
Apporte-leur la branche d'olivier.

4

De tes parfums la terre est embaumée,
Autour de toi tu répands la fraîcheur ;
Beau lis des cieux, de ta robe argentée
Rien ici-bas n'égale la blancheur.

5

En t'admirant, dans mon cœur, ô Marie,
Je sens soudain se ranimer l'amour ;
Jette un regard sur l'enfant qui te prie,
Emporte-moi vers l'éternel séjour.

L'abbé Cruchet.

2

Ah ! si j'avais, ma bonne mère,
La douce voix des bienheureux,
Je chanterais sans fin sur terre
Ton nom si pur qu'on chante aux cieux

3

Lorsque je vois la blanche étoile
Briller, le soir, au ciel d'azur,
Mon cœur vers Toi monte sans voile
En murmurant ton nom si pur.

4

Quand de l'airain la voix bénie
Dès le matin chante aux saints lieux,
Mon âme aussi, Vierge chérie,
Pour Te chanter s'élève aux cieux.

5

Quand mon regard dans la vallée,
Sans la chercher, voit une fleur,
Mon cœur, ô Vierge Immaculée,
Redit ton nom plein de douceur.

6

Toujours ton nom dans ma mémoire
Sera gravé, Reine des cieux ;
Je chanterai sans fin ta gloire,
Daigne bénir mes chants pieux.

7

Ah ! qu'à ma voix le ciel s'unisse
Pour te chanter et nuit et jour,
Et qu'ici-bas tout retentisse
De tes bienfaits, de ton amour !

8

Après l'exil de cette vie,
Lorsque viendra le jour sans soir,
Que près de Toi, Mère chérie,
Je puisse au ciel aller m'asseoir !

N° 12.
Catholique et Français toujours.
Pèlerinage de la Touraine à Notre-Dame de Lourdes, 1874.

Vierge sainte, ô Mè_re ché_ri_e, ô cé_les_te Rei_ne, Fais re_vivre en nos coeurs La

foi des anciens jours; Qu'il monte jusqu'à toi ce cri de la pa_tri_e: de la Tourai_ne: "Catho_

_lique et Français tou_jours Ca_tho_lique et Français tou_jours!»

Tu te montrais à Berna_det_te Tout é_cla_tan_te de blan_cheur
Et, vers elle in_cli_nant la tê_te, Tu lui par_lais a_vec dou_ceur.

2

« Viens, disais-tu, fille chérie,
« Sois-moi fidèle chaque jour ;
« Consacre-moi toute ta vie,
« Donne-moi ton cœur sans retour.

3

« Sois ma fidèle messagère
« *Va dire aux prêtres qu'en ces lieux*
« *Je veux un temple,* où la prière
« Monte chaque jour vers les cieux. »

4

A genoux dans ton sanctuaire
O Mère, tu vois tes enfants
T'offrir leur ardente prière,
Exauce leurs pieux accents.

5

Comme à Bernadette ravie,
Parle à notre cœur en ce jour ;
Ranime en nous, Vierge bénie,
La Foi, l'Espérance et l'Amour.

6

Fais que nos cœurs restent dociles
Aux saintes lois du Dieu sauveur,
Que toujours nous marchions agiles
Dans les sentiers du vrai bonheur.

7

Sauve la France désolée,
Ramène-la vers Dieu, vers Toi ;
Oh ! rends-lui sa grandeur passée !
Rends-lui son Dieu, rends-lui sa foi !

8

Qu'en tous lieux elle soit encore
Le bras de Dieu, son bras vainqueur,
Et que du couchant à l'aurore
Par elle on aime le Seigneur !

9

Là-bas, sous le poids de ses peines
Gémit un Père abandonné ;
Romps ses liens, brise ses chaînes,
Console son cœur désolé.

10

Bénis les peuples de Touraine,
Saint Martin te les a donnés ;
Sois toujours notre aimable Reine,
Nous serons tes fils dévoués.

11

Garde longtemps, ô notre Mère,
Garde longtemps à notre amour
Celui que nous avons pour père,
Et qu'au ciel il te voie un jour.

12

Lorsqu'en l'exil de cette vie
Nos maux finiront à jamais,
Fais qu'en la céleste patrie
Nous allions chanter tes bienfaits.

N° 13. La Vierge de Massabielle.

Pèlerinage de la Touraine à Notre-Dame de Lourdes, 1880.

Chrétiens, pour honorer Marie
Allons avec un cœur joyeux
Visiter la Grotte bénie
Que foula son pied glorieux.

CHŒUR.
Bénis notre pèlerinage,
Douce Vierge de Massabiel,
Et fais que ce pieux voyage
Soit pour nous le chemin du ciel.

1

Enfants d'une céleste Mère,
Allons avec un cœur joyeux
La prier dans son sanctuaire
Et chanter son nom glorieux.

Refrain

Vierge sainte, ô Mère chérie,
Reçois nos vœux et notre amour ;
Après les jours de cette vie
Conduis-nous au divin séjour.

2

Comme aux bergers de la Salette,
Pleine de grâce et de douceur
Elle apparut à Bernadette
L'éblouissant de sa splendeur.

3

Allons à la Source limpide,
Symbole des grâces de Dieu,
Que la Vierge d'un sol aride
Pour nous fit jaillir en ce lieu.

4

C'est là que l'on goûte les charmes
De la vertu, de la ferveur,
Qu'on répand les plus douces larmes
De repentir et de bonheur.

5

Quand la mer sombre et menaçante
Soulève ses flots en courroux,
Le marin d'une voix tremblante,
O Mère, t'implore à genoux.

6

Aujourd'hui sur la mer du monde
Battus par ses flots orageux,
Dans notre détresse profonde
Tous vers Toi nous levons les yeux.

7

La France pénitente prie,
Tu vois ses enfants à genoux ;
Prends pitié de notre patrie,
Entends nos vœux, exauce-nous.

8

Nos ennemis, ô Vierge sainte,
Ont juré haine à notre foi,
De ton Fils ils n'ont plus la crainte,
Leur cœur a méprisé sa loi.

9

Nous gémissons sur cette terre
Comme de tristes exilés ;
Montre-toi toujours notre Mère,
Nous sommes tes fils dévoués.

10

La nuit nous couvre de son voile
Et vient Te cacher à nos yeux,
Brille sur nous, ô blanche étoile,
Et guide nos pas vers les cieux.

11

On n'a jamais entendu dire,
O Mère, qu'on te prie en vain ;
A tes enfants daigne sourire,
Bénis-nous de ta douce main.

12

Après les maux de cette vie,
A jamais chantant tes bienfaits
Fais qu'en la céleste patrie
Nous goûtions l'éternelle paix.

2

Nous voici donc, bonne mère, ô Marie !
Nous accourons, pleins d'ardeur et d'amour,
Te consacrer les jours de notre vie
Et te jurer de t'aimer sans retour.
Ah ! si les fleurs, les parfums du parterre
Pouvaient sur nous attirer tes faveurs,
Toucher le cœur de notre tendre Mère,
   Nous t'offririons de belles fleurs.

3

Que l'*Églantier* et la rose fleurie,
Que le beau lis, éclatant de blancheur
Viennent louer d'une Mère chérie
Le nom si doux, l'ineffable grandeur.
Que le *Torrent,* l'écho de la vallée,
La nuit, le jour et la brise du soir
Chantent sans fin la Vierge Immaculée,
   Notre secours et notre espoir.

4

Comme jadis de l'humble Bernadette
Tu ravis l'âme en lui parlant des cieux,
Viens apparaître à notre âme inquiète,
Et comble-nous de tes dons précieux.
Accorde-nous, au soir de notre vie,
Guidés par Toi, comblés de tes bienfaits,
D'aller te voir dans la sainte patrie
   Et de te chanter à jamais.

N° 15.

Aux doux chants.

2

De nos fleurs
Reçois l'hommage
De nos fleurs
Et de nos cœurs ;
Ces présents seront le gage
De tes plus douces faveurs.
De nos fleurs.

3

En ce jour
Oh ! je te donne
En ce jour
Tout mon amour.
Fleur du ciel, Vierge si bonne,
Viens nous bénir en retour.
En ce jour.

4

Mon honneur
Est de te plaire
Mon honneur
Et mon bonheur.
Exauce notre prière,
Vierge, mère du Sauveur.
Mon honneur.

5

Viens toujours,
O tendre mère,
Viens toujours
A mon secours.
Pour sauver notre misère
A toi nous avons recours.
Viens toujours.

N° 16.
Laudate Mariam.
Pèlerinage de la Touraine à Notre-Dame de Lourdes, 1876.

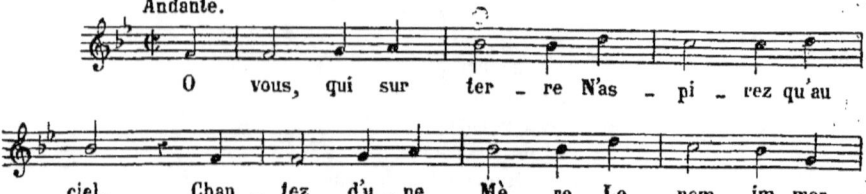

O vous, qui sur ter-re N'as-pi-rez qu'au ciel, Chan-tez d'u-ne Mè-re Le nom im-mor-

CHŒUR.
-tel : Lau-da-te lau-da-te lau-da-te Ma-ri-

-am Lau-da-te lau-da-te lau-da-te Ma-ri-am.

NOTA. Pour le mois de Marie retrancher les nos 3, 4, 5, 6, 7, 8, 13, 14, 15, 16, 17, 18, 19, 20, 21, 22, 23, 29, 30.

2

(2) Elle est apparue,
Et dans sa splendeur
Une enfant l'a vue
Pleine de douceur.

3

Heureuse colline,
Monts, qu'elle a ravis,
Que sa main divine
A souvent bénis :

4

Échos des vallées
Qu'avec tant d'amour
Elle a visitées,
Dites tour-à-tour :

5

Gave qui murmures,
Flots bleus du torrent,
A la Vierge pure
Redites ce chant :

6

Roches Massabielles,
Rochers glorieux
Qui vîtes si belle
La Reine des cieux :

7

Et vous, grotte obscure,
Églantier fleuri,
A qui, Vierge pure,
Douce elle a souri :

8
Aux hymnes des anges,
Astres radieux,
Mêlez vos louanges ;
Chantez, terre et cieux :

9
(3) O mère, j'envie
Le bonheur si doux
De l'enfant bénie
Priant avec vous.

10
(4) Votre doux sourire
Ravissait son cœur
Et semblait lui dire :
« Prie avec ferveur. »

11
(5) Votre pure image
Soudain la charmait,
Son chaste visage
Brillant s'enflammait.

12
(6) En votre présence
Le monde fuyait,
Et dans le silence
Son cœur vous parlait.

13
Un jour, vos paupières
Se voilaient de pleurs,
Vos larmes amères
Montraient vos douleurs !

14
O Dame si belle,
Pourquoi pleurez-vous ?
Que faire dit-elle ?
Ah ! dites le nous !

15
« Je veux que la France,
« Après tant d'erreurs,
« Fasse pénitence,
« Répande des pleurs.

16
« Va, fille fidèle,
« Aux prêtres pieux
« Dis qu'une chapelle
« S'élève en ces lieux.

17
« Dans ce sanctuaire
« Venez m'implorer,
« Que toute la terre
« Y vienne prier.

18
« Qu'avec allégresse,
« Chantant mon saint nom
« La foule s'y presse
« En procession.

19
« La source féconde
« Qui coule en ce lieu
« Va montrer au monde
« La bonté de Dieu.

20
« Qu'on y vienne boire,
« S'y laver joyeux,
« Y chanter ma gloire,
« Mes bienfaits nombreux.

21
L'enfant éblouie,
Fixant vos doux traits,
Vous disait, ravie
Devant tant d'attraits :

22
« O fleur matinale,
« Céleste rayon,
« Beauté virginale,
« Dis-moi ton doux nom ! »

23
« — Je suis appelée
« *La Conception*,
« Pure, *Immaculée*. »
Gloire à ce saint nom !

24
(7) Bénissez, ô Mère,
Vos pieux enfants,
Avec leur prière
Recevez leurs chants.

25
(8) Comme à Bernadette,
Parlez-nous toujours ;
L'orage s'apprête,
Veillez sur nos jours.

26
(9) Lis de la vallée,
O Reine des fleurs,
Vierge Immaculée,
Parfumez nos cœurs.

27
(10) Comme la lumière
Du cierge qui luit,
Que notre prière
Monte à vous sans bruit.

28
(11) O brillante étoile,
Bel astre des mers,
Guidez notre voile
Sur les flots amers.

29
O céleste Reine,
Du plus haut des cieux
Sur notre Touraine
Abaissez les yeux.

30
Dans votre chapelle,
Pleins de vos faveurs,
O Vierge fidèle,
Nous laissons nos cœurs.

31
(12) Divine patronne
Qui régnez aux cieux,
O mère si bonne,
Recevez mes vœux.

32
(13) Nous voulons sur terre
Jusqu'aux derniers jours
Vous chanter, vous plaire,
Vous aimer toujours.

33
(14) O Mère chérie,
Donnez-nous l'espoir
Après cette vie
Au ciel de vous voir.

34
(15) Et dans la lumière
Du jour éternel
Toujours, tendre Mère,
Nous dirons au ciel :

Serment à Marie.

Pèlerinage de la Touraine à Notre-Dame de Lourdes, 1875.

2

Je l'ai juré ! fleur précieuse
Dont l'odeur charme les élus,
Rose blanche et mystérieuse,
Je veux imiter tes vertus.

3

Je l'ai juré ! non la parure
Ne séduira jamais mon cœur ;
Accorde-moi, Vierge si pure,
Ta modestie et ta douceur.

4

Je l'ai juré ! d'un monde infâme
Je hais les coupables attraits,
De ses faux biens garde mon âme,
Je suis ton enfant pour jamais.

5

Je l'ai juré ! mère si bonne,
Sur ton enfant tu veilleras ;
A ton amour je m'abandonne,
Guide et soutiens mes faibles pas.

6

Je l'ai juré ! quand la tristesse
Envahira mon pauvre cœur,
Change mes pleurs en allégresse
Et mets un baume à ma douleur.

7

Je l'ai juré ! dans sa furie
Si l'enfer s'arme contre moi,
Reine des cieux, mère bénie,
De ton faible enfant souviens-toi.

8

Je l'ai juré ! brillante étoile,
Préserve mes pas de la mort,
Couvre-moi toujours de ton voile,
Conduis ma barque vers le port.

9

Je l'ai juré ! sous ta bannière,
Des méchants bravant la fureur,
Je ne crains rien, ô tendre mère,
Ne m'as tu pas pris dans ton cœur ?

10

Je l'ai juré ! Mère chérie,
Si je dois, ingrat, te trahir,
Dans sa fleur arrête ma vie ;
Moi t'oublier ! plutôt mourir !

11

Je l'ai juré ! de la vallée,
Où l'on ne connaît que les pleurs,
Transporte mon âme exilée
Au sein des célestes splendeurs,

12

Je l'ai juré ! reine des anges,
Au paradis emmène-moi,
Pour que je chante tes louanges
Et celles de mon divin Roi.

13

Quand irai-je avec allégresse
Au divin séjour du bonheur
Te voir sans fin, t'aimer sans cesse,
Chanter ton nom plein de douceur ?

N° 18

Spes nostra, salve.

2

Lorsque, le soir, au divin sanctuaire
L'encens se mêle au doux parfum des fleurs,
Nous vous offrons notre ardente prière
Comme l'encens le plus pur de nos cœurs.

3

A votre autel on sent tarir ses larmes,
De votre amour on goûte la douceur
Et de la paix on savoure les charmes :
C'est un rayon du céleste bonheur.

4

Là, je ne sais quel parfum on respire,
Les chants y sont plus doux et plus joyeux,
On entrevoit votre aimable sourire,
Le monde entier disparaît à nos yeux.

5

Comme naguère aux Rochers Massabielle
A l'humble enfant qui priait à genoux
Vous souriiez si brillante et si belle,
Apparaissez, Mère, et souriez-nous.

6

Guidez toujours notre frêle nacelle
Sur l'océan de nos jours orageux ;
Et si jamais, tremblante, elle chancelle,
Brillez sur nous, blanche étoile des cieux.

7

Préservez-nous de l'orage qui gronde,
Et bénissez nos généreux accents :
Nous le jurons à la face du monde,
Nous resterons à jamais vos enfants.

8

A vous nos cœurs et notre vie entière,
A vous nos vœux et nos hymmes d'amour !
Veillez sur nous jusqu'à l'heure dernière,
Veillez sur nous et la nuit et le jour.

9

Quand finira l'exil de notre vie,
Apparaissez à vos enfants pieux,
Emportez-nous dans vos bras, ô Marie,
Et placez-nous près de vous dans les cieux.

N° 19. Reine des cieux.

Pèlerinage de la Touraine à Notre-Dame de Lourdes, 1877.

Reine des cieux, ô Vierge immaculée, beau lis de la vallée, Jette sur nous un regard maternel. Près de ta Grotte à jamais vénérée, Reçois nos cœurs, ô Vierge Immaculée, Nous te jurons un amour immortel.

La France hélas! t'oubliait, tendre Mère, Elle outrageait Jésus, ton divin Fils: Le cœur rempli d'une douleur amère, Quittant les cieux vers nous tu descendis.

2

A la Salette, ô Mère désolée,
Tes yeux voilés versaient de tristes pleurs,
Et les accents de ton âme brisée
Nous annonçaient d'effroyables malheurs.

3

Tu nous disais : « Mes enfants, pénitence !
« Car vos péchés ont transpercé mon cœur !
« Pleurez aussi les crimes de la France,
« Si vous voulez adoucir ma douleur ! »

4

Mais à ta voix nos âmes étaient sourdes,
Nos cœurs étaient vers la terre abaissés !
Il a fallu les merveilles de Lourdes
Pour réveiller nos esprits égarés.

5

Là, tu parus radieuse, brillante,
Les pieds posés sur le rosier fleuri ;
Pleine de grâce et de bonté touchante,
A l'humble enfant ton regard a souri.

6

« Sur ses rochers je veux une chapelle,
« Le monde, en foule, y viendra m'invoquer ;
« Là, chaque jour ma bonté maternelle
« Vers mes enfants daignera s'incliner.

7

« Peuples chrétiens, *allez à ma Fontaine*,
« Venez chercher remède à vos douleurs,
« Vous adresser au cœur de votre reine,
« De mon amour éprouver les grandeurs.

8

« Venez à moi : *Je suis l'Immaculée*,
« Que nul mortel jamais ne prie en vain,
« Venez m'ouvrir votre âme désolée
« Et recueillir les bienfaits de ma main. »

9

Volons, chrétiens, à l'appel d'une mère,
Vers Elle allons pleins d'espoir, en ce jour,
Et déposons dans son doux sanctuaire
Nos vœux, nos cœurs et nos hymnes d'amour.

10

Salut à Toi notre céleste Reine
Dont l'univers proclame les grandeurs,
Salut à Toi, puissante Souveraine,
Tu régneras à jamais sur nos cœurs.

11

Qui redira tes bontés, tendre Mère,
De ton amour les merveilleux effets?
Ah ! que le ciel s'unisse avec la terre
Pour célébrer ton nom et tes bienfaits.

12

Gave aux flots bleus, tressaille d'allégresse,
Rochers et monts, Grotte, vallons charmants,
Tous à l'envi bénissez sa tendresse,
Échos du ciel, portez-lui nos accents.

13

La nuit est sombre, on entend les tempêtes,
L'orage monte, il apporte la mort !
O blanche étoile, ah ! brille sur nos têtes,
Guide nos pas vers le céleste port.

14

La France flotte et s'agite incertaine,
Nous implorons pour elle ton secours;
Bénis aussi ce cris de la Touraine:
Français de cœur, Catholiques toujours !

15

A Toi nos cœurs et notre vie entière,
Nous en faisons le serment solennel ;
Accorde-nous de t'aimer sur la terre
Et de chanter ton doux nom dans le ciel.

2.

Quand l'éclair brille sur sa tête,
Le nautonnier dans la tempête
Longtemps le dit à haute voix ;
C'est le nom qui calme l'orage,
Le flot le murmure au rivage,
L'oiseau le chante au fond des bois.

3.

Divine fleur de l'espérance,
Ce nom adoucit la souffrance,
Il est un baume à la douleur ;
Pauvre exilé dans cette vie,
Quand je dis le nom de Marie,
Je sens soudain battre mon cœur.

4.

Ce nom sacré tarit les larmes,
Ses doux parfums ont tant de charmes
Qu'ils nous élèvent vers les cieux.
Mais que sont nos faibles louanges?
Il nous faudrait la voix des anges
Pour chanter ce nom glorieux.

5.

Vierge sainte, ô brillante aurore,
Exauce l'âme qui t'implore,
Viens rendre la paix à nos cœurs ;
Écoute notre voix plaintive,
Guide nos pas sur cette rive
Où l'on ne connaît que les pleurs.

6.

Nous voici dans ton sanctuaire ;
Nous t'adressons notre prière,
Vois, nous sommes à tes genoux :
L'aquilon souffle sur nos têtes,
Éloigne de nous les tempêtes,
Douce patronne, sauve-nous.

7.

O notre bonne et tendre Mère,
Conduis notre nef passagère
Au ciel aimé de notre cœur ;
Donne-nous, ô Vierge bénie,
La céleste et sainte patrie
Où se trouve le vrai bonheur.

Souviens-toi de ton enfant.

2.

Dès lors je te pris pour partage,
Je t'offris mon cœur sans retour,
Et les beaux jours de mon jeune âge
S'écoulèrent dans ton amour.
Toujours, toujours ! Oui, je l'espère,
Ne m'as-tu pas pris dans ton cœur?
Et dans ton cœur, ô tendre Mère,
Peut-on redevenir pécheur ?

3.

Le monde en vain m'offre ses charmes,
Il voudrait m'attirer à lui ;
Vierge, témoin de mes alarmes,
Reste ma force et mon appui.
Dans cette malheureuse vie,
Hélas ! pour moi tout est danger ;
Près de toi je me réfugie,
Daigne à jamais me protéger,

4.

Toujours, toujours, mère si bonne,
Sur ton enfant tu veilleras ;
A ton amour il s'abandonne,
Non, jamais tu ne l'oublieras.
Et quand viendra l'heure dernière,
Viens m'assister en souriant,
Marie, oh ! sois toujours ma mère
Et souviens-toi de ton enfant.

N° 22. Place-nous dans les cieux.

Imité de la musique de Rossini.

Ma-rie, ô Vierge Im-ma-cu-lé-e, Près de ton gra-ci-eux au-tel, Notre âme é-prise et con-so-lé-e Vers toi s'é-lè-ve jus-qu'au ciel.

A-vec nos chants, dou-ce pa-tron-ne, Re-çois notre a-mour et nos voeux; Et près de toi, Mè-re si bon-ne, Un jour pla-ce nous dans les cieux.

2.

Ta douce et ravissante image
Resplendit au milieu des fleurs;
Et, comme un beau jour sans nuage,
Elle attire et ravit les cœurs.

3.

C'est le trône brillant de gloire,
Où souvent le chrétien pieux
Vient bénir ta sainte mémoire,
Et prier longtemps sous tes yeux.

4.

Dans nos douleurs, dans nos alarmes,
Près de ton autel, loin du bruit,
Nous répandons nos tristes larmes
De l'aurore jusqu'à la nuit.

5.

C'est là que l'âme émue aspire
A voir les célestes clartés,
Là que souvent le cœur soupire
Sur tant de folles vanités.

6.

Là, pour t'honorer l'encens fume,
Le cierge brûle et resplendit,
Pour toi la ferveur se consume,
La foi sans cesse te bénit.

7.

Charmants échos de la vallée,
Ah! résonnez en ce beau jour,
Chantez la Vierge Immaculée
Et portez-lui nos chants d'amour.

8.

Pendant l'exil de cette vie,
Mère, ne nous délaisse pas;
Et vers l'éternelle patrie
De tes enfants guide les pas.

2.

Je suis le lis, douce et fidèle image
De l'innocence, amour d'un noble cœur ;
Mais le serpent, dans sa jalouse rage
S'élance et veut en ternir la blancheur.

3.

Je suis l'esquif, battu par la tempête,
Jouet des flots qui m'éloignent du port ;
La foudre au ciel éclate sur ma tête,
Et sous mes pieds un abîme et la mort !

4.

Voici venir de nouveaux jours d'alarmes ;
Mais si j'obtiens, ô Mère, ta faveur,
L'espoir renaît, je sens tarir mes larmes,
Et de l'enfer je brave la fureur.

5.

Quand de mes jours viendra l'heure dernière,
Jette sur moi ton doux regard d'amour ;
Descends du ciel, brillante de lumière,
Et porte-moi dans l'éternel séjour.

N° 24.
Chrétiens, chantons.
Premier pèlerinage de la Touraine à Notre-Dame de Lourdes, 1872.

Chrétiens, chantons la Vierge Imma_cu_lé_e, A son au_tel vo_lons tous en ce jour, Et sa_lu_ant sa Grotte vé_né_ré_e, / Et cé_lé_brant sa fê_te vé_né_ré_e, A no_tre Mère of_frons nos chants d'a_mour.

A Lourde, un jour, dans u_ne grotte obscu_re, Quit_tant des cieux l'é_ter_nel_le splen_deur, Mè_re si bonne et Vierge toujours pu_re, Elle ap_pa_rut bril_lan_te de blan_cheur.

2.

Petit ruisseau, roches de Massabielle
Qu'elle a bénis et charmés tant de fois,
Vallons charmants, qui la vîtes si belle,
Redites-nous les accents de sa voix.

3.

« Je veux ici, dit-Elle, un sanctuaire,
« Sacré refuge où l'homme pense au ciel,
« Où les parfums de la douce prière
« Puissent monter purs devant l'Éternel.

4.

« De tous les points de la France et du monde,
« Peuples chrétiens, accourez pleins d'espoir,
« Venez puiser à ma source féconde
« Et ressentir mon souverain pouvoir. »

5.

A notre tour, enfants de la Touraine,
Empressons-nous de partir tous joyeux ;
Allons offrir à notre aimable reine
Nos chants d'amour, notre espoir et nos vœux.

6.

Tous à ses pieds dans son doux sanctuaire
Pour le Saint-Père implorons son secours,
Réunissons dans la même prière
Notre patrie, objet de nos amours.

7.

O bonne Mère, ô Vierge Immaculée,
Entendez-vous le cri de notre cœur?
Daignez sauver la France désolée
Et rendez-lui la paix et le bonheur.

8.

Il souffre aussi le Père de nos âmes,
Ses ennemis l'entourent délaissé ;
Mère, brisez leurs criminelles trames,
Rendez la joie à son cœur déchiré.

9.

Accordez-nous la force et le courage,
Vous que jamais on n'a priée en vain ;
Pour achever notre pèlerinage,
Bénissez-nous de votre douce main.

10.

Après les jours de cette triste vie,
Goûtant des cieux l'allégresse et l'amour,
Nous chanterons votre gloire, ô Marie,
Durant les temps de l'éternel séjour.

N° 25.

Enfants de Marie.

Pèlerinage de la Touraine à Notre-Dame de Lourdes, 1875.

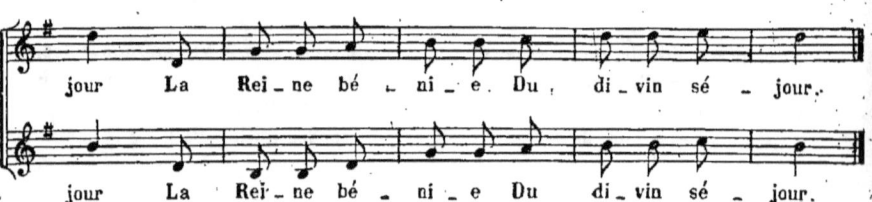

2.
A la voix des anges,
Aux chants des élus
Mêlons nos louanges,
Chantons ses vertus.

3.
Lis de la vallée,
Doux parfum des fleurs,
Vierge Immaculée,
Embaume nos cœurs.

4.

Bonne et tendre Mère,
Tes pieux enfants
T'offrent leur prière
Comme un pur encens.

5.

O Vierge bénie,
Reçois notre amour,
A toi notre vie
Jusqu'au dernier jour.

6.

Le démon sans cesse
Rôde autour de nous,
Dans notre détresse
Nous t'implorons tous.

7.

Un monde volage
Veut nous entraîner,
Préserve notre âge
Du mal, du danger.

8.

La mer en furie
Va nous engloutir,
O Mère chérie,
Viens nous secourir.

9.

Lorsque la tempête
Gronde autour de nous,
Du Seigneur arrête
Le juste courroux.

10.

Quand brille l'étoile
Au plus haut des cieux,
Couvre de ton voile
Tes enfants pieux.

11.

Vierge toute pure,
Notre cœur joyeux
Doucement murmure
Ton nom glorieux.

12.

De tes saintes flammes
Brûle notre cœur,
Et remplis nos âmes
De paix, de bonheur.

13.

Viens sécher nos larmes,
Calmer nos douleurs,
Et par tes doux charmes
Ravir tous les cœurs.

14.

Nos cœurs, dès l'aurore,
Au milieu du jour
Et le soir encore,
T'offrent notre amour.

15.

O douce patronne,
Pour toi sont nos chants,
O Mère si bonne,
Bénis tes enfants.

16.

Quand de notre vie
Finira le cours,
Dans notre patrie
Nous dirons toujours :

N° 26.
Vierge de Lourdes.
Pèlerinage de la Touraine à Notre-Dame de Lourdes, 1878.

Tempo di Marcia.

Vierge de Lourde, ô no_tre ten_dre Mè_re Dai_gne sou_rire à nos pieux ac_cents Nous le ju_rons sous la blanche ban_niè_re Nous res_te_rons à jamais tes en_fants Nous le ju_rons sous ta blanche ban_niè_re, Nous res_te_rons à jamais tes en_fants.

Peu_ples chré_tiens, pour ho_no_rer Ma_ri_e Cou_rons vers Elle en ce jour ra_di_eux, Al_lons pri_er à la Grot_te bé_ni_e Qu'el_le foula de son pied glo_ri_eux.

2

Partons joyeux, la grâce nous appelle,
Le ciel aussi nous promet un beau jour;
Nous goûterons combien doux auprès d'Elle
Sont les attraits de l'éternel amour.

3

Salut à toi, splendide basilique,
Où nous sourit son regard maternel;
En revoyant ta flèche magnifique
Nos yeux ravis soudain cherchent le ciel.

4

Salut torrent, Grotte mystérieuse
Que l'on revoit avec tant de bonheur!
Salut surtout, Source miraculeuse,
Dont la vertu guérit toute douleur!

5

A ton autel, ô Vierge Immaculée,
Tu nous revois empressés et joyeux;
Nous aimons tant à venir chaque année
T'offrir nos chants, notre amour et nos vœux!

6

Nos ennemis, dans leur fureur impie,
Ont juré haine à notre sainte foi,
Contre ton Fils s'exerce leur folie,
Les insensés! ils blasphèment sa Loi.

7

Mère, pardon pour ces enfants rebelles!
Savent-ils bien tout le mal qu'ils se font?
Étends sur eux tes bontés maternelles,
Retiens les coups qui menacent leur front.

8

Lorsque la mer est sombre et menaçante
Et que ses flots mugissent en courroux,
Le matelot d'une voix gémissante
Redit ton nom et t'implore à genoux.

9

Nous gémissons sur cette triste terre,
Nos cœurs blessés t'implorent chaque jour;
Entends la voix de notre humble prière,
Pour tes enfants n'aurais-tu plus d'amour?

10

Bénis la France, elle pleure, elle prie;
Retiens le bras de ton Fils irrité;
Mère, pitié pour la pauvre meurtrie!
Elle est toujours ton peuple préféré.

11

Protège aussi notre chère Touraine,
Guide nos pas dans les sentiers du bien,
Règne sur nous, aimable souveraine,
Et bénis-nous de ta divine main.

12

Mais pour t'aimer à jamais sur la terre,
Et pour servir Jésus, notre Sauveur,
Donne à nos cœurs avides, de te plaire,
De ton amour la force et la douceur.

13

Qu'alors l'enfer contre nous se déchaîne!
Qu'un monde entier nous poursuive en tout lieu!
Tu nous verras, ô notre aimable Reine,
Sous ton drapeau vaincre ou mourir pour Dieu!

14

Ces vœux sacrés qui partent de nos âmes,
Accueille-les avec nos chants d'amour,
Brûle nos cœurs de tes célestes flammes
Et conduis-nous au bienheureux séjour.

Je suis l'Immaculée.
Pèlerinage de la Touraine à Notre-Dame de Lourdes, 1879.

2

Vous lui disiez : « Je suis l'Immaculée ;
« Qu'on vienne ici m'invoquer chaque jour,
« Puiser et boire à ma source sacrée,
« Et ressentir l'effet de mon amour. »

3

A vos enfants daignez sourire encore,
Mère, daignez nous sourire toujours ;
Vous que jamais vainement l'on n'implore,
Accordez-nous votre puissant secours.

4

Lorsque Jésus mourut sur le Calvaire,
Un glaive aigu transperça votre cœur ;
Mais désormais nous voulons, tendre mère,
Par notre amour calmer votre douleur.

5

A la Salette on vit couler vos larmes !
Ce souvenir est pour nous triste et doux ;
Oui, maintenant nos pleurs auront des charmes,
Puisqu'une mère en a versé pour nous.

6

Daignez bénir notre France meurtrie
Et pardonner à ses fils égarés ;
Elle est toujours le peuple de Marie,
Où trouvez-vous des cœurs plus dévoués ?

7

Pauvre et captif, sur un nouveau Calvaire
Pleure et gémit un Père vénéré ;
Guidez toujours l'Église notre mère,
Et délivrez son chef abandonné.

8

Guidez aussi le pontife fidèle,
De saint Martin glorieux successeur ;
Faites qu'un jour la couronne immortelle
Orne son front au séjour du bonheur.

9

Nous vous prions dans ce doux sanctuaire,
Mère, accueillez nos cantiques pieux,
Accordez-nous de vous aimer sur terre
Et de vous voir à jamais dans les cieux.

N° 28.

Protégez-nous toujours.

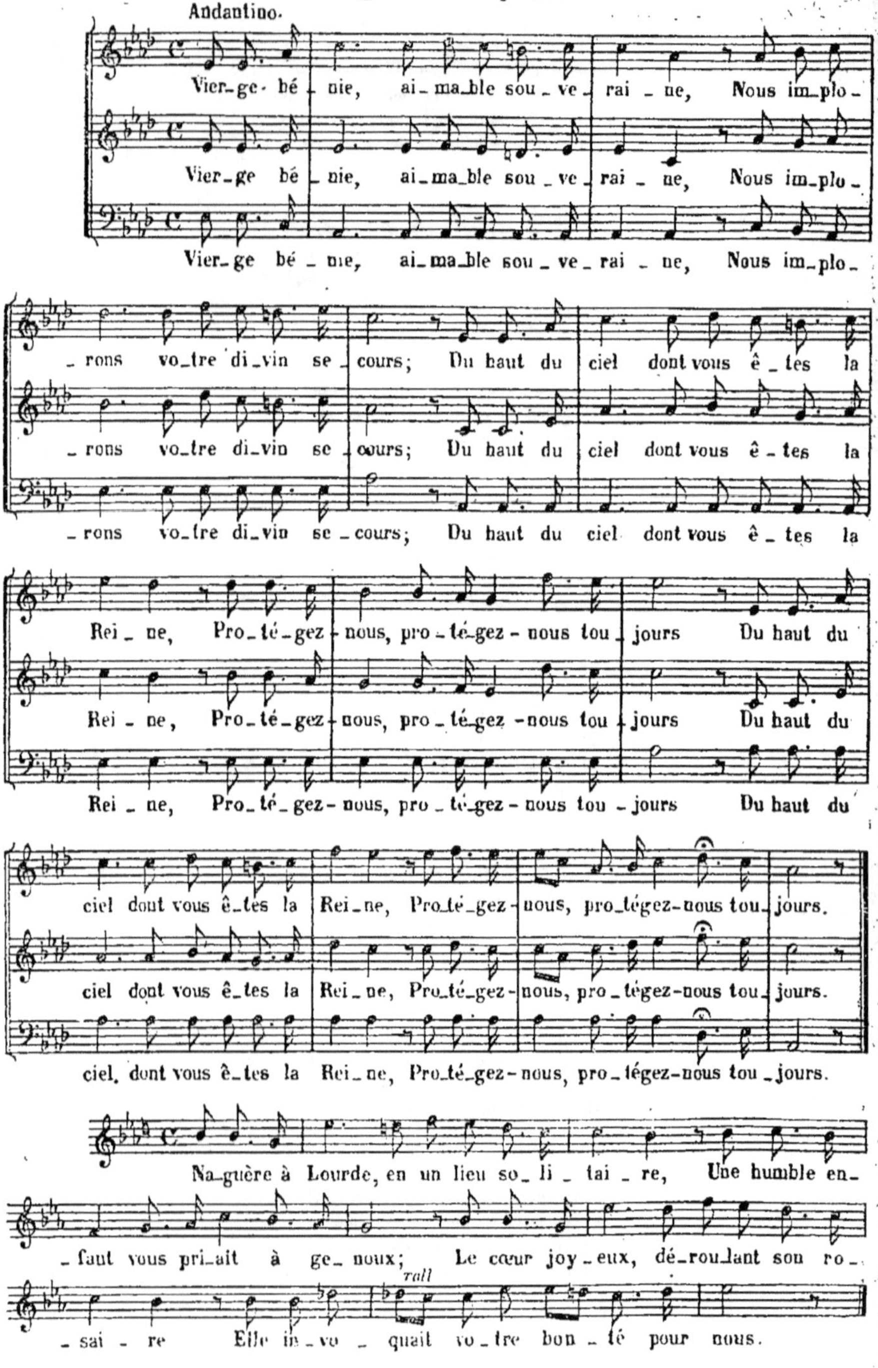
Andantino.
Vier_ge- bé_nie, ai_ma_ble sou_ve_rai_ne, Nous im_plo_
Vier_ge bé_nie, ai_ma_ble sou_ve_rai_ne, Nous im_plo_
Vier_ge bé_nie, ai_ma_ble sou_ve_rai_ne, Nous im_plo_
_rons vo_tre di_vin se_cours; Du haut du ciel dont vous ê_tes la
_rons vo_tre di_vin se_cours; Du haut du ciel dont vous ê_tes la
_rons vo_tre di_vin se_cours; Du haut du ciel dont vous ê_tes la
Rei_ne, Pro_té_gez_nous, pro_té_gez_nous tou_jours Du haut du
Rei_ne, Pro_té_gez_nous, pro_té_gez_nous tou_jours Du haut du
Rei_ne, Pro_té_gez_nous, pro_té_gez_nous tou_jours Du haut du
ciel dont vous ê_tes la Rei_ne, Pro_té_gez_nous, pro_tégez_nous tou_jours.
ciel dont vous ê_tes la Rei_ne, Pro_té_gez_nous, pro_tégez_nous tou_jours.
ciel dont vous ê_tes la Rei_ne, Pro_té_gez_nous, pro_tégez_nous tou_jours.
Na_guère à Lourde, en un lieu so_li_tai_re, Une humble en_
_fant vous pri_ait à ge_noux; Le cœur joy_eux, dé_rou_lant son ro_
_sai_re Elle in_vo_quait vo_tre bon_té pour nous.
rall

2

Son doux regard, vous attirant près d'elle,
S'illuminait d'un éclat radieux ;
En vous voyant souriante et si belle,
L'âme ravie, elle aspirait aux cieux.

3

Le sol lui-même, ô Vierge glorieuse,
A votre aspect, un jour, a tressailli,
Et de ses flancs une eau miraculeuse,
Pour vous bénir, a tout à coup jailli.

4

Heureux témoin, le roc de Massabielle
Garde l'honneur de ces temps écoulés ;
Un sanctuaire, une auguste chapelle
S'élève aux lieux que vos pas ont foulés.

5

Là, près de vous, dans l'enceinte bénie
Un tendre amour conduit les affligés ;
Et vos autels, Vierge sainte, ô Marie,
Sont nuit et jour, à toute heure assiégés.

6

Prêtez l'oreille à la voix suppliante
Du pèlerin dont vous êtes l'espoir,
Et soutenez son âme défaillante
Dans les périls, au chemin du devoir.

7

Venez, venez consoler ceux qui pleurent
Au souvenir d'un adieu déchirant ;
Et dans vos bras accueillez ceux qui meurent,
Comme une mère accueille son enfant.

8

L'Église en deuil, au Calvaire enchaînée,
Attend de vous la fin de ses malheurs :
Son vaillant chef, sa noble Fille aînée
Ont épuisé la coupe des douleurs.

9

Comblez enfin sa trop longue espérance,
Brisez les fers de sa captivité ;
Ne tardez plus : Sauvez, sauvez la France,
Et rendez-lui son Dieu qu'elle a quitté.

10

Oh ! puissions-nous, mêlés aux chœurs des anges
Dans les splendeurs du céleste séjour,
Chanter comme eux à jamais vos louanges
Et vous aimer d'un éternel amour.

L'ABBÉ VERGER.

Salut à Marie.

2

Des cieux à la terre
Vint l'accent joyeux ;
Qu'il monte, ô ma Mère,
De la terre aux cieux.

3

De nos riches plaines
Qu'il vole puissant
Aux rives lointaines
Du Gave écumant.

4

Montagne, vallée,
Rapide torrent,
A l'Immaculée
Dites ce doux chant :

5

Elle est apparue
Dans cet humble lieu ;
Ces rochers l'ont vue,
La mère de Dieu.

6

L'aimable Rosaire
Pendait à son bras ;
Comment, pour lui plaire,
Ne dirions-nous pas :

7

Je suis toute pure,
Dit la Vision,
Vierge sans souillure,
Gloire à ce beau nom !

8

Heureuse voyante,
Combien à tes yeux
Parut ravissante
La perle des cieux !

9

Mais pour nous, ô Reine,
Tout s'est effacé ;
Comme une ombre vaine
As-tu donc passé ?

10

La Grotte est ton temple,
Là c'est toi vraiment
Que la foi contemple,
Que le cœur entend.

11

Ta sainte présence,
Ne l'a point quitté :
J'y vois ta puissance,
J'y sens ta bonté.

12

De ce tabernacle
A flots chaque jour
Jaillit le miracle
De grâce et d'amour.

13

« Venez, dit Marie,
« Boire et vous laver ;
« Dans cette eau la vie
« Pour vous va couler. »

14

Oui, toute misère
Vient te supplier ;
Ici, bonne mère,
Qu'il fait bon prier !

15

De ta chère France,
De l'Église en pleurs,
Mère d'espérance,
Tu sais les malheurs.

Ave, ave, ave, Maria,
Ave, ave, ave, Maria.

16

Tout nous abandonne,
Pauvres délaissés ;
Mais, douce Madone,
Reste... c'est assez.

17

O Vierge fidèle,
Si dans le danger
Ta voix nous appelle,
C'est pour nous sauver.

18

Grotte enchanteresse,
Oui, pour me bénir,
Tu vivras sans cesse
Dans mon souvenir.

19

A travers la vie,
Pèlerins d'un jour,
Gagnons par Marie
L'éternel séjour.

20

A l'auguste Mère
Salut en tous lieux !
Chantons-la sur terre
Pour lui dire aux cieux :

N° 30. La bannière de Notre-Dame de Lourdes.

Pèlerinage de la Touraine à Notre-Dame de Lourdes, 1880.

Andantino.

A son au-tel la Vierge Imma-cu-lé-e Pour l'ho-no-rer nous ap-pelle en ce jour, Al-lons of-frir à no-tre Mère ai-mé-e Nos chants pi-eux et nos hym-nes d'a-mour.

Poco più All°.

Nous ar-bo-rons au jour d'hui ta ban-niè-re, Rei-ne des cieux, dai-gne nous se-cou-rir; Nous com-bat-trons jus qu'à l'heu-re der-niè-re Et nous ju-rons de vaincre ou de mou-rir Nous com-bat-trons jus qu'à l'heu-re der-niè-re Et nous ju-rons de vaincre ou de mou-rir.

2.

C'est vainement, dans sa stérile rage,
Que le démon veut frémir contre nous;
Sous ta bannière, enflammés de courage,
Nous braverons la fureur de ses coups.

3.

Le monde en vain contre nous se déchaîne,
Il tente en vain d'avilir tes enfants;
Nous méprisons ses outrages, sa haine,
Guidés par toi, nous serons triomphants.

4.

Tu ravissais le cœur de Bernadette
Et l'inondais d'ineffables douceurs;
Vers nous aussi daigne incliner la tête
Et comble-nous de tes saintes faveurs.

5.

En lui criant par trois fois : « Pénitence! »
Tes yeux voilés répandaient d'amres pleurs!
Ce sont, hélas! les fautes de la France
Et nos péchés qui causaient tes douleurs.

6.

Mais désormais nous expierons nos crimes,
Du Dieu sauveur apaise le courroux;
Toi qui toujours peux combler les abîmes,
Vierge puissante, intercède pour nous.

7.

Pour terrasser la puissance infernale
Et triompher de ce monde méchant,
Ah! bénis-nous de ta main virginale
Et souris-nous d'un regard bienveillant.

8.

O bonne Mère, à ta source sacrée
Fais-nous puiser le courage et l'espoir,
Et ta bannière à jamais vénérée
Nous montrera les sentiers du devoir.

9.

Tous inclinés dans ce doux sanctuaire
Nous implorons ton maternel secours;
Reçois nos vœux, de ta main titulaire
Protége-nous et veille sur nos jours.

10.

Quand finira notre terrestre vie,
De tes enfants daigne fermer les yeux,
Et puissions-nous sans fin, Mère chérie,
Te voir, t'aimer, te chanter dans les cieux.

Adieu à l'autel de Marie.

Adagio.

Il faut donc te quitter, saint autel de Marie Où nous aimions, le soir, nous retrouver joyeux! Il faut te dire adieu, pour rentrer dans la vie, Quand nos esprits charmés entrevoyaient les cieux!

Adieu, séjour béni, rochers de Massabielle, Où nos cœurs ont goûté le bonheur et la paix! Reçois le doux serment de notre âme fidèle, O Mère nous jurons de t'aimer à jamais.

Adieu, mois vénéré, d'une Mère chérie, Tu nous as fait goûter le bonheur et la paix! Reçois le doux serment de notre âme attendrie, O Mère nous jurons de t'aimer à jamais.

2

En ces lieux, consacrés à notre tendre Mère,
Le tabernacle saint sous ses voiles épais
Nous ombrageait le jour, et le soir, en prière,
Des célestes beautés nous goûtions les attraits.

3

Trop vite ils ont passé, ces jours remplis de charmes !
A peine si nos cœurs ont pu parler à Dieu !
A peine si Marie a vu couler nos larmes !
Il faut nous arracher déjà de ce saint lieu !

4

Mais ton doux souvenir, ô divin sanctuaire,
Durant ces jours d'exil restera dans nos cœurs.
Anges saints, jusqu'au ciel portez à notre mère,
Portez nos tendres vœux et nos chastes ardeurs.

5

Bénis ces derniers chants, ô Vierge Immaculée,
Qu'ils montent jusqu'à toi, nos cantiques sacrés !
Du ciel où tu nous vois, invisible et voilée,
Souris à tes enfants qui te sont consacrés.

6

En quittant ton autel, ô notre bonne Mère,
Nous te le promettons, pleins d'amour et d'espoir,
Nous viendrons chaque année à ton doux sanctuaire,
Oui, nos cœurs attendris te disent : « *Au revoir !* »

Nº 32. Adieu à Marie.

2

Hélas ! loin de ton sanctuaire,
Pauvre orphelin que devenir ?
Où maintenant t'adresser ma prière,
Où te prier de me bénir ?

3

O ma douce consolatrice,
Veille sur moi, sauve nos jours ;
Fais que jamais mon âme ne fléchisse,
Fais que mon cœur t'aime toujours.

4

Astre des mers, ô belle étoile,
Le ciel est noir, l'écueil m'attend :
Par tes clartés vient diriger ma voile,
Le nautonnier, c'est ton enfant.

5

Mère de Dieu, toi que ma mère
Me dit d'aimer, d'aimer toujours,
A toi mes vœux, mon cœur, ma vie entière,
A toi mes chants et mes amours.

Adieu donc, adieu, douce image !
Adieu bonheur ! frères, adieu !
Nous commençons notre pèlerinage,
Retrouvons-nous auprès de Dieu.

IMPRIMERIE PAUL BOUSREZ, 5, RUE DE LUCÉ, A TOURS

www.ingramcontent.com/pod-product-compliance
Lightning Source LLC
LaVergne TN
LVHW021727080426
835510LV00010B/1163